okul - sukuu	2
seyahat - akwantuo	5
ulaşım - ɛhyɛn	8
şehir - kuropɔn	10
arazi - asaase	14
restoran - adidibea	17
süpermarket - dwakɛseɛmu	20
içecekler - nsa	22
yemek - aduane	23
çiftlik - afuo	27
ev - efie	31
oturma odası - ɛdan a wɔtena mu	33
mutfak - gyaade	35
banyo - adwareɛ	38
çocuk odası - abɔfra dan mu	42
kıyafet - ataadeɛ	44
ofis - ɔfise	49
ekonomi - sikasem	51
meslekler - nnwuma ahodoɔ	53
aletler - akadeɛ	56
müzik enstrümanı - mfidie a wɔde bɔ nnwom	57
hayvanat bahçesi - mmoakurabea	59
sporlar - agokansie	62
etkinlikler - dwumadie ahodoɔ	63
aile - abusua	67
vücut - nipadua	68
hastane - asopiti	72
acil - putupru	76
dünya - Ewiase	77
saat - mmerɛ kyerɛfoɔ	79
hafta - nnawɔtwe	80
yıl - afe	81
şekiller - bɔbea	83
renkler - ahosuo	84
zıt anlamlılar - abirabɔ	85
sayılar - nɔma	88
diller - kasa ahodoɔ	90
kim / ne / nasıl - hwan/aden/ sɛn	91
nerede - hefa	92

Impressum
Verlag: BABADADA GmbH, Nedderfeld 112 , 22529 Hamburg
Geschäftsführer / Verlagsleitung: Harald Hof
Druck: Books on Demand GmbH, In de Tarpen 42, 22848 Norderstedt

Imprint
Publisher: BABADADA GmbH, Nedderfeld 112 , 22529 Hamburg, Germany
Managing Director / Publishing direction: Harald Hof
Print: Books on Demand GmbH, In de Tarpen 42, 22848 Norderstedt

okul
sukuu

okul çantası
baage

kalemlik
adeɛ wɔde tweredua hyɛ mu

kurşun kalem
tweredua

kalem açacağı
adea wɔde sensene
tweredua ano

silgi
rɔba

çizim defteri
drɔɔwin nkrataa

çizim
drɔɔwin

resim fırçası
adeɛ a wɔde bɔ akaadoo mu

boya kutusu
akaadoo adaka

makas
apasoɔ

tutkal
aduro a wɔde sɔ nnooma bɔ mu

alıştırma kitabı
krataa wɔyɛ dwumadie wɔ mu

ödev
efie adwuma

sayı
nɔma

ekle
ka bom

çıkar
te frim

çarp
fabaho

hesapla
bo ho nkonta

harf
atwerɛdeɛ

alfabe
atwerɛdeɛ

kelime
asɛm

okul - sukuu

  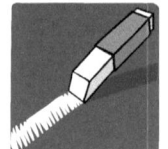

metin	okumak	tebeşir
atwerɛ	kan	chalk

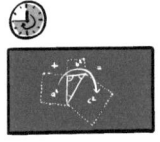  

ders	kayıt	sınav
adesua	krataa a din ahodoɔ wɔ mu	nsɔhwɛ

sertifika	okul forması	eğitim
nimdeɛ krataa	sukuu ataadeɛ	adesua

ansiklopedi	üniversite	mikroskop
encyclopedia	suapon kɛseɛ	afidie a wɔde hwɛ adeɛ aniwa ntumi nhunu

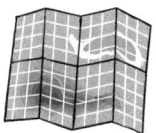 

harita	kağıt çöp kutusu
asaase mfonin a ɛwɔ krataa so	kɛntɛn a wɔde krataa na ayɛ a wɔde nwura gu mu

okul - sukuu

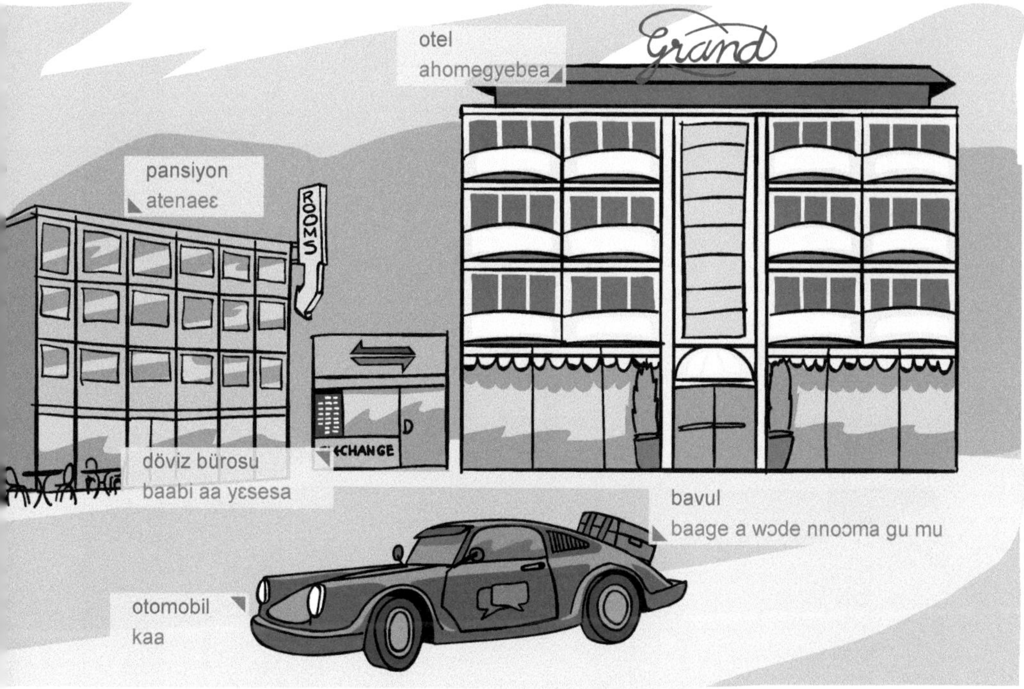

seyahat
akwantuo

otel
ahomegyebea

pansiyon
atenaeɛ

döviz bürosu
baabi aa yɛsesa

bavul
baage a wɔde nnooma gu mu

otomobil
kaa

dil
kasa

evet / hayır
aane / daabi

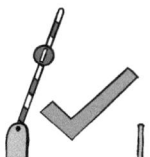

Tamam
Yoo

merhaba
hɛlo

çevirmen
deɛ wɔkyerɛkyerɛ kasa ase

Teşekkür ederim
Medaase

bu ... ne kadar? ... ɛyɛ sɛn?	anlamadım Menteaseɛ	problem ɔhaw

İyi akşamlar! Maadwo!	Günaydın! Maakye!	İyi geceler! Da yie!

güle güle nante yie	yön akwankyerɛ	bagaj nnooma a wɔde tu kwan

çanta kɔtɔkuo	sırt çantası baage a yɛde bɔ yakyi	misafir ɔhɔhoɔ

oda danmu	uyku tulumu bag a yɛda mu	çadır ntomadan

seyahat - akwantuo

turist danışma
adesrafoɔ nsɛm

sahil
pō ano

kredi kartı
krɛdit kaade

kahvaltı
anopa aduane

öğle yemeği
awia aduane

akşam yemeği
anwumerɛ aduane

Bilet
tikiti

asansör
pagya

pul
agyinahyɛdeɛ

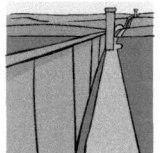

sınır
ɛhyeɛ

gümrük
adwumayɛfoɔ a wɔgyina
aman mmienu hyeɛ so

elçilik
ɔman bi asoeɛ

vize
akwantuo krataa

pasaport
akwantuo krataa

seyahat - akwantuo

ulaşım
ɛhyɛn

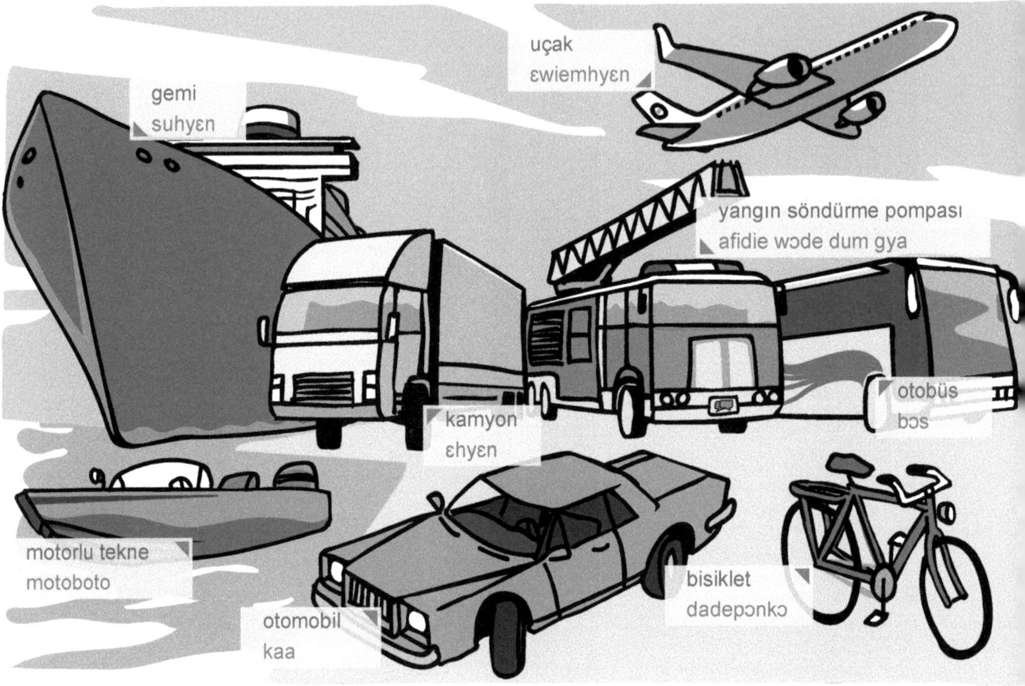

uçak
ɛwiemhyɛn

gemi
suhyɛn

yangın söndürme pompası
afidie wɔde dum gya

otobüs
bɔs

kamyon
ɛhyɛn

motorlu tekne
motoboto

bisiklet
dadepɔnkɔ

otomobil
kaa

feribot
subonto

bot
suhyɛn

motosiklet
dadepɔnkɔ

polis arabası
apolisifoɔ kaa

yarış arabası
kaa a wɔde si akan

kiralık araba
hyɛn aa yɛ hain

ortak araba
kaa a wɔde ma obi de di dwuma

çekici
kaa a wɔde twe ɛhyɛn a asɛe

çöp kamyonu
bɔɔla kaa

motor
moto

yakıt
ngo

benzinlik
beaɛ a wotɔn pɛtro

trafik işareti
trafik ahyɛnsodeɛ

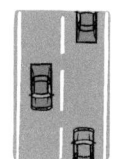

trafik
trafik

trafik sıkışıklığı
ɛhyɛn ntumi nkɔ ntɛm

otopark
kaa gyinabea

tren istasyonu
keteke steshin

ray
ketekye kwan

tren
ketekye

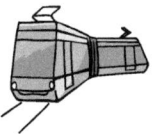

tramvay
ketekye

vagon
afidie a wɔtena mu wɔ wiem tu kwan

ulaşım - ɛhyɛn

helikopter
ewiemhyɛn

havaalanı
dadeɛanoma gyinabea

kule
dan tentene

yolcu
obi a wɔforo hyɛn

konteyner
adaka

koli
adaka

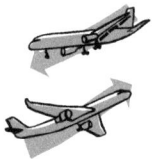

yük arabası
teaseɛnam

sepet
kɛntɛn

kalkış / iniş
tu / si fam

şehir
kuropɔn

köy
akurase

şehir merkezi
kuropɔn hyiabea

ev
efie

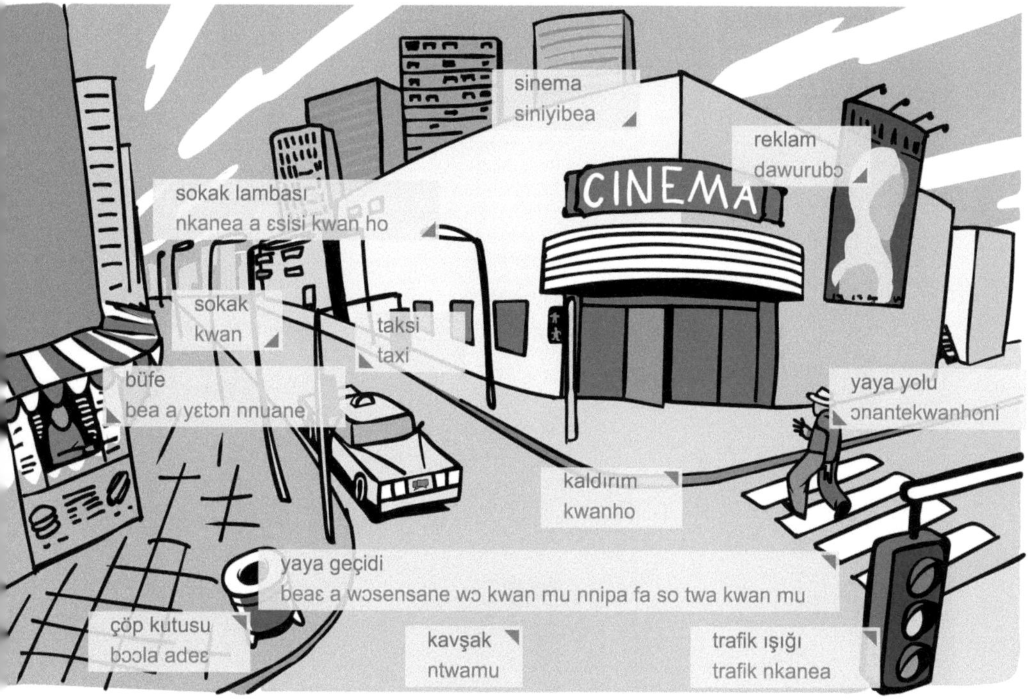

sinema
siniyibea

reklam
dawurubɔ

sokak lambası
nkanea a ɛsisi kwan ho

sokak
kwan

taksi
taxi

büfe
bea a yɛtɔn nnuane

yaya yolu
ɔnantekwanhoni

kaldırım
kwanho

yaya geçidi
beaɛ a wɔsensane wɔ kwan mu nnipa fa so twa kwan mu

çöp kutusu
bɔɔla adeɛ

kavşak
ntwamu

trafik ışığı
trafik nkanea

kulübe

ntaabodan

apartman dairesi

tenabea

tren istasyonu

keteke steshin

belediye binası

kurom nhyiadanmu

müze

mesiɔm

okul

sukuu

şehir - kuropɔn

üniversite
suapon kɛseɛ

banka
sikakorabea

hastane
asopiti

otel
ahomegyebea

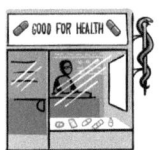
eczane
beaɛ a wɔtɔn nnuro

ofis
ɔfise

kitapçı
beaɛ a wɔtɔn nwoma

mağaza
beaɛ a wɔtɔn adeɛ

çiçekçi
nhwiren kuani

süpermarket
dwakɛseɛmu

market
dwamu

büyük mağaza
asoeɛ sotɔɔ

balık satıcısı
nnam tɔnfo

alışveriş merkezi
adetɔ beae

liman
suhyɛn gyinabea

şehir - kuropɔn

park
agodibea

bank
akonnwa

köprü
nsamsoɔ

merdiven
adeɛ wɔee foro aborosan

metro
asaasease

tünel
tɔkuro a w'atu no asaase mu de ayɛ kwan

otobüs durağı
ɛhyɛn gyinabea

bar
nsanombea

restoran
adidibea

posta kutusu
krataa adaka

sokak tabelası
kwan ahyɛnsodeɛ

otopark sayacı
kaagyinaho meta

hayvanat bahçesi
mmoakurabea

yüzme havuzu
nsuo a wɔdware mu

cami
masalakyi

şehir - kuropɔn

çiftlik — afuo

kirlilik — ewiem sɛeɛ

mezarlık — nsamanpɔ mu

kilise — asore

oyun alanı — agodibea

tapınak — hyiadan

arazi
asaase

- yaprak — ahaban
- yön tabelası — akyerɛkyerɛkwan
- yol — kwan
- çayır — sare asaase
- taş — boba
- ağaç — dua
- yürüyüşçü — pipo so foronii
- ırmak — asubɔntene
- çimen — nsensan
- çiçek — nhwiren

arazi - asaase

vadi
ɛbɔn

tepe
bepɔ

göl
sutadeɛ

orman
kwaeɛ

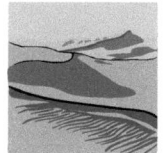
çöl
ɛserɛ so

volkan
egya a ɛfiri bepɔ mu ba

kale
ahenfie

gökkuşağı
nyankontɔn

mantar
mmire

palmiye
abɛdua

sivrisinek
ntontom

sinek
wasena

karınca
ntatea

arı
wowa

örümcek
ananse

arazi - asaase

böcek
kukurubibi

kurbağa
apɔnkyerɛnee

sincap
opuro

kirpi
kotoko

yabani tavşan
adanko

baykuş
patuo

kuş
anomaa

kuğu
dabodabo

yaban domuzu
kɔkɔte

geyik
wansane

geyik
torɔm

baraj
sutadeɛ

rüzgar türbini
mframa tɛɛbain

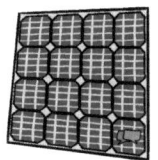

güneş paneli
adeɛ ɛtwe anyinam ahoden firi awia mu

iklim
ewiem

arazi - asaase

restoran
adidibea

garson
barima a wɔsom wo beaɛ a wotɔn aduane

menü
aduane ahodoɔ wotɔn

sandalye
akonwa

çorba
nkwan

çatal - bıçak
atere ne nsikan a wɔde didie

pizza
pizza

masa örtüsü
ntoma a wɔde kata ɛpono so

başlangıç
ahyɛaseɛ

ana yemek
aduane titriw

tatlı
nnɔkɔnnɔkwade

içecekler
nsa

yemek
aduane

şişe
toa

fastfood

aduane wɔyɛ no ɔhare so

sokak yemeği

aduana a ɛyɛ kwan ho

çaydanlık

tea kukuo

şekerlik

asikyire kyɛnsen

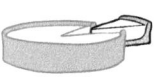

porsiyon

fa

espresso makinesi

espresso afidie

mama sandalyesi

akonwa tenten

fatura

ka krataa

tepsi

apanpan

bıçak

sikanmoa

çatal

adinam

kaşık

atere

çay kaşığı

tea atere

servis peçetesi

ntoma a wɔde sɛ pono so

bardak

ahwehwɛ

restoran - adidibea

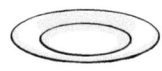  

tabak	çorba kasesi	fincan altlığı
plɛɛte	nkwan plɛɛte	plɛte ketewa

 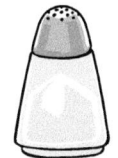 

sos	tuzluk	karabiber değirmeni
frɔyɛ	nkyene kukuo	adeɛ a wɔde twi mako

  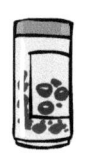

sirke	yağ	baharat
vinegar	anwa	atosodeɛ

ketçap	hardal	mayonez
ketchup	sinapi aba	mayonis

restoran - adidibea

süpermarket
dwakɛseɛmu

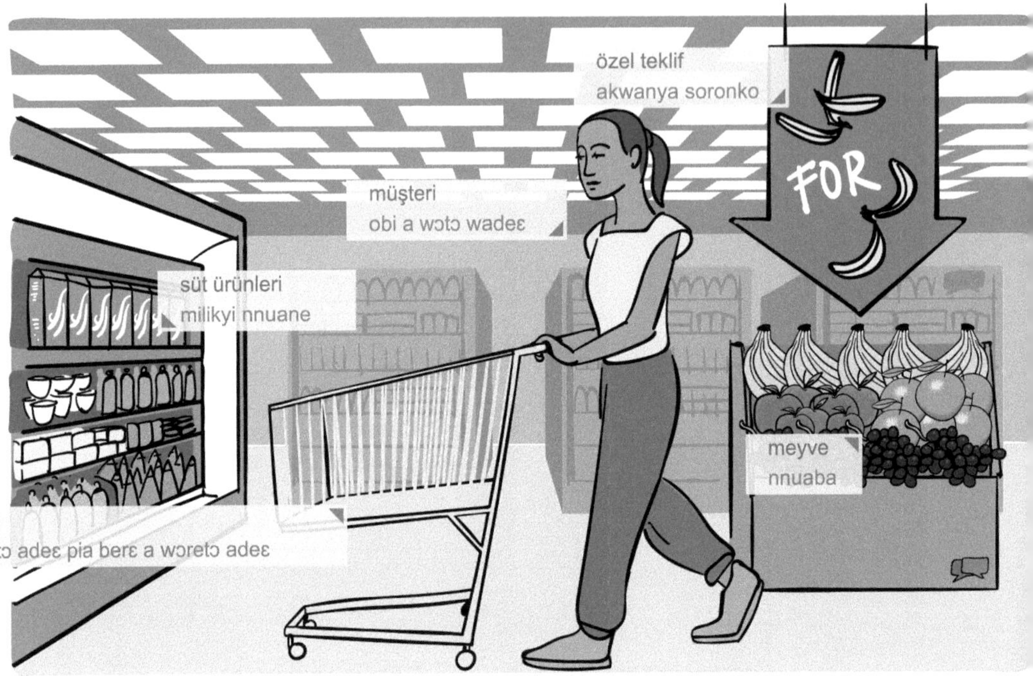

özel teklif
akwanya soronko
FOR
müşteri
obi a wɔtɔ wadeɛ
süt ürünleri
milikyi nnuane
meyve
nnuaba
tɔ adeɛ pia berɛ a wɔretɔ adeɛ

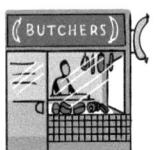

BUTCHERS

kasap

nnamtwafo

BAKERY

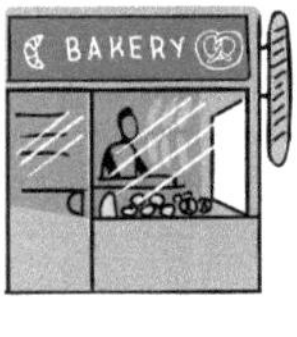

fırın

brodotofo

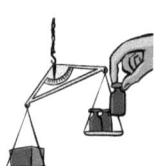

tartmak

susu

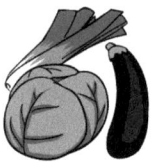

sebze

atosodeɛ

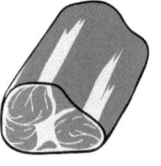

et

nnam

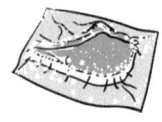

donmuş gıda

aduane a wɔde ahyɛ sukɔtwea adaka mu

söğüş et
nnam a yɛy nwunu

konserve yiyecek
nnuane a ɛwɔ konku mu

toz deterjan
aduro a wɔde si nnooma

şekerlemeler
adɔkɔkɔdɔkɔdeɛ

ev temizlik ürünleri
efie nnooma

temizlik ürünleri
nnuro a wɔde hohoro nnooma ho

satış görevlisi
adetɔni

yazar kasa
adeɛ a wɔgye sika de gu mu

kasiyer
obi a wɔhwɛ sika so

alışveriş listesi
nnooma a wobɛtɔ

açılış saatleri
mmerɛ a ɔmo de bue

cüzdan
kotokuo

kredi kartı
krɛdit kaade

çanta
bɔtɔ

plastik poşet
rɔba bɔtɔ

süpermarket - dwakɛseɛmu

içecekler
nsa

su
nsuo

meyve suyu
aduaba mu nsuo

süt
milikyi

kola
coke

şarap
nsa

bira
beer

alkol
nsaden

kakao
kookoo

çay
tea

kahve
kɔfe

espresso
espresso

kapuçino
cappuccino

yemek
aduane

muz
kwadu

elma
aprɛ

portakal
akutuo

kavun
mɛlɔn

limon
akutuo

havuç
karɔt

sarımsak
galeke

bambu
mpampuro

soğan
gyeene

mantar
mmire

çerez
nkateɛ

makarna
talia

spagetti	pirinç	salata
talia	εmo	salad

cips	patates kızartması	pizza
kyips	aborodwomaa w'akye	pizza

hamburger	sandviç	şinitzel
hamburger	sandwich	ntwetwade

pastırma	salam	sosis
prεko nam	salami	sɔsegye

tavuk	rosto	balık
akokɔnam	toto	nsuomunam

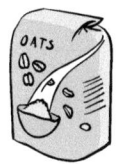
yulaf ezmesi
oats koko

müsli
muesli

mısır gevreği
cornflakes

un
esam

kruvasan
croissant

küçük ekmek
brodo a yabobɔ

ekmek
brodo

tost
ho

bisküvi
biskit

tereyağı
bɔta

kaymak
koko

kek
ɔfam

yumurta
kosua

sahanda yumurta
kosua a yakye

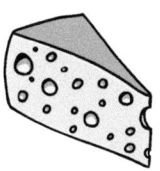
peynir
kyeese

yemek - aduane

dondurma
ise krim

şeker
asikyire

bal
ɛwoɔ

reçel
ɛam

fındık ezmesi
kyɔkolate a wɔde yɛ aduane mu

köri
kɔri

yemek - aduane

çiftlik
afuo

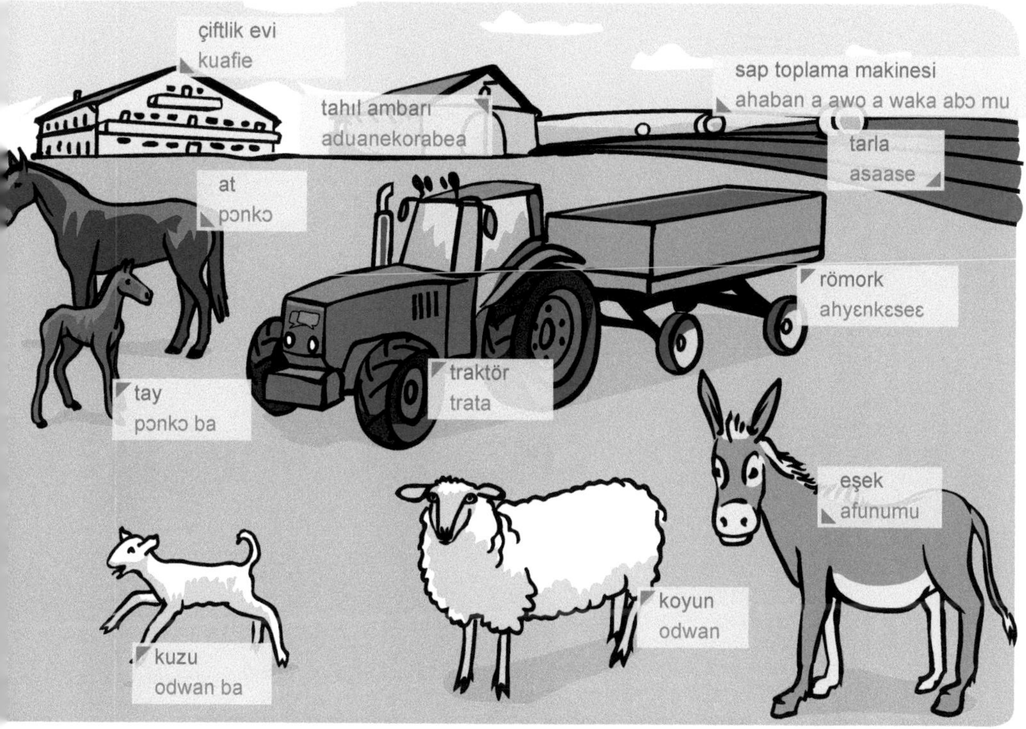

- çiftlik evi / kuafie
- tahıl ambarı / aduanekorabea
- sap toplama makinesi / ahaban a awɔ a waka abɔ mu
- tarla / asaase
- at / pɔnkɔ
- römork / ahyɛnkɛseɛ
- tay / pɔnkɔ ba
- traktör / trata
- eşek / afunumu
- kuzu / odwan ba
- koyun / odwan

keçi
apɔnkye

inek
nantwie

buzağı
nantwie ba

domuz
prɛko

domuz yavrusu
prɛko ba

boğa
nantwinini

çiftlik - afuo

kaz
dabodabo

ördek
dabodabo

civciv
akokɔba

tavuk
akokɔbedeɛ

horoz
akokɔnini

sıçan
akura

kedi
agyinamoa

fare
akura

öküz
nantwi

köpek
ɔkraman

köpek kulübesi
kramanfie

bahçe hortumu
drobɛn a wɔde nsuo fa mu gugu nnooma so

sulama kabı
toa wɔde nsuo gu mu de gugu nnooma so

tırpan
kantankrankyi

pulluk
afidie a wɔde funtum asaase ani

çiftlik - afuo

orak
sɔsɔwa

çapa
asɔ

dirgen
fɔɔki kɛseɛ

balta
akuma

el arabası
hweebaro

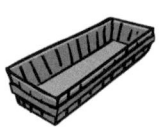
yemlik
adea mmoa didi mu

süt kovası
milikyi konku

çuval
kotoku

çit
ɛban

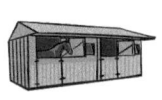
ahır
mmoa dan

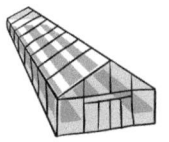
sera
nnuaba dan mu

toprak
anwea

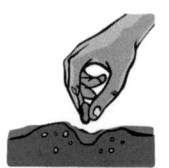
tohum
aba

gübre
nnuro a wɔde gu mfudeɛ ho

biçerdöver
nnuanetwa kaa kɛse

çiftlik - afuo

hasat etmek
twa

harman
mfudeɛ

tatlı patates
bayerɛ

buğday
ayuo

soya
soya

patates
aborɔdwomaa

mısır
aburo

kolza
rapedua aba

meyve ağacı
aduaba dua

manyok
bankye

hububat
aburo aduane

çiftlik - afuo

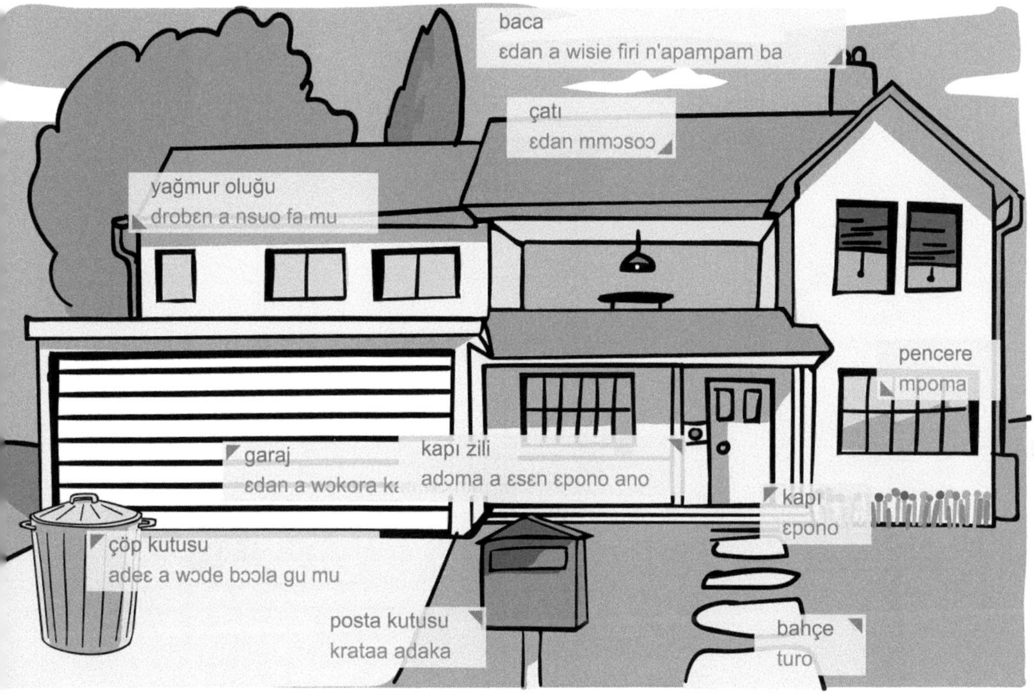

ev
efie

baca
ɛdan a wisie firi n'apampam ba

çatı
ɛdan mmɔsoɔ

yağmur oluğu
drobɛn a nsuo fa mu

pencere
mpoma

garaj
ɛdan a wɔkora kɛ

kapı zili
adɔma a ɛsɛn ɛpono ano

kapı
ɛpono

çöp kutusu
adeɛ a wɔde bɔɔla gu mu

posta kutusu
krataa adaka

bahçe
turo

oturma odası
ɛdan a wɔtena mu

banyo
adwareɛ

mutfak
gyaade

yatak odası
piam

çocuk odası
abɔfra dan mu

yemek odası
ɛdan a wɔdidi wɔ mu

ev - efie

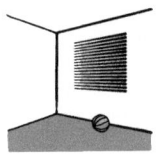
zemin
fam

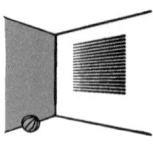
duvar
ɛban

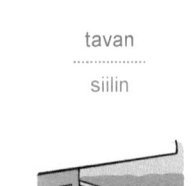
tavan
siilin

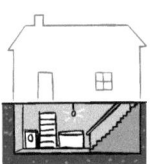
kiler
ɛdan a ɛhyɛ fam

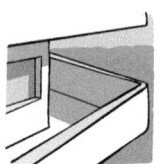
sauna
beaɛ a wɔkɔto hyew

balkon
pɔɔkye

teras
asaase a wafuntum na wɔde dua nnobaeɛ

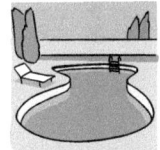
havuz
nsuo a wɔdware mu

çim biçme makinesi
afidie a wɔde dɔ

çarşaf
krataa

yatak örtüsü
nnasoɔ

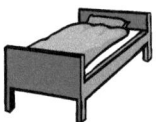
yatak
mpa

süpürge
praeɛ

kova
bɔkiti

anahtar
deɛ wɔde sɔ kanea

ev - efie

oturma odası
ɛdan a wɔtena mu

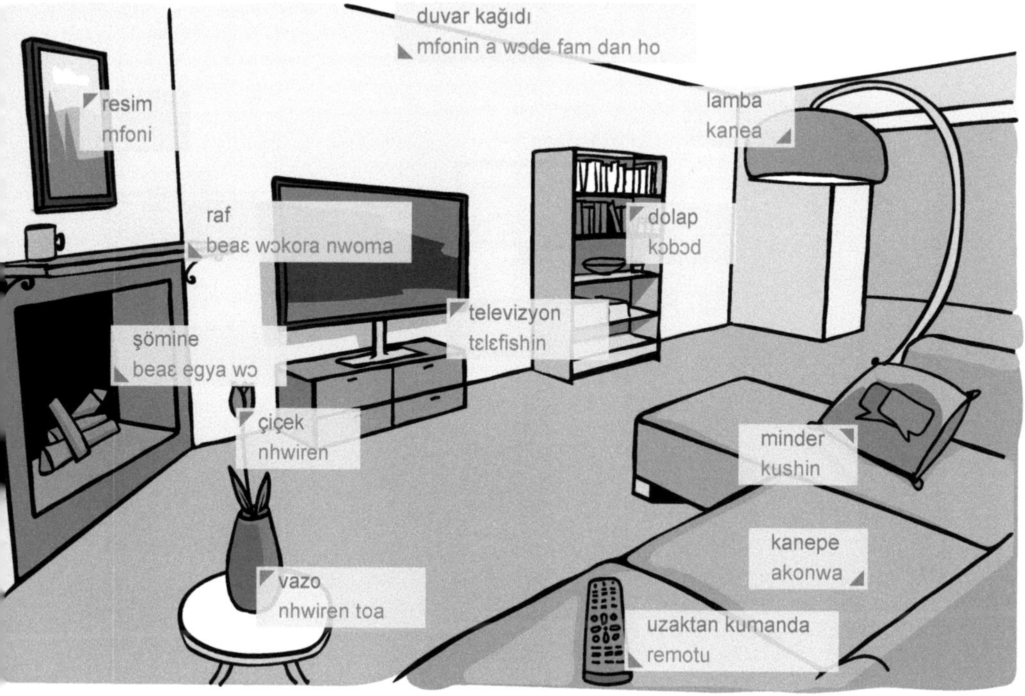

- duvar kağıdı / mfonin a wɔde fam dan ho
- resim / mfoni
- lamba / kanea
- raf / beaɛ wɔkora nwoma
- dolap / kɔbɔd
- şömine / beaɛ egya wɔ
- televizyon / tɛlɛfishin
- çiçek / nhwiren
- minder / kushin
- kanepe / akonwa
- vazo / nhwiren toa
- uzaktan kumanda / remotu

halı
kapɛt

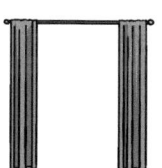

perde
kɛtin

masa
pono

sandalye
akonwa

salıncaklı koltuk
akonwa aa ɛkɔ anim ne akyi

koltuk
nsaakonwa

kitap
nwoma

battaniye
kuntu

dekor
beaɛ asiesie

odun
egya

film
mfoni

hi-fi
hi-fi afidie

anahtar
safoa

gazete
dawurubɔ krataa

tablo
akaado

poster
mfoni

radyo
akasanoma

defter
nwoma a wɔtwerɛ nsɛmpɔ gu mu

elektrikli süpürge
afidie a wɔde pra mfuturo

kaktüs
cactus

mum
kandele

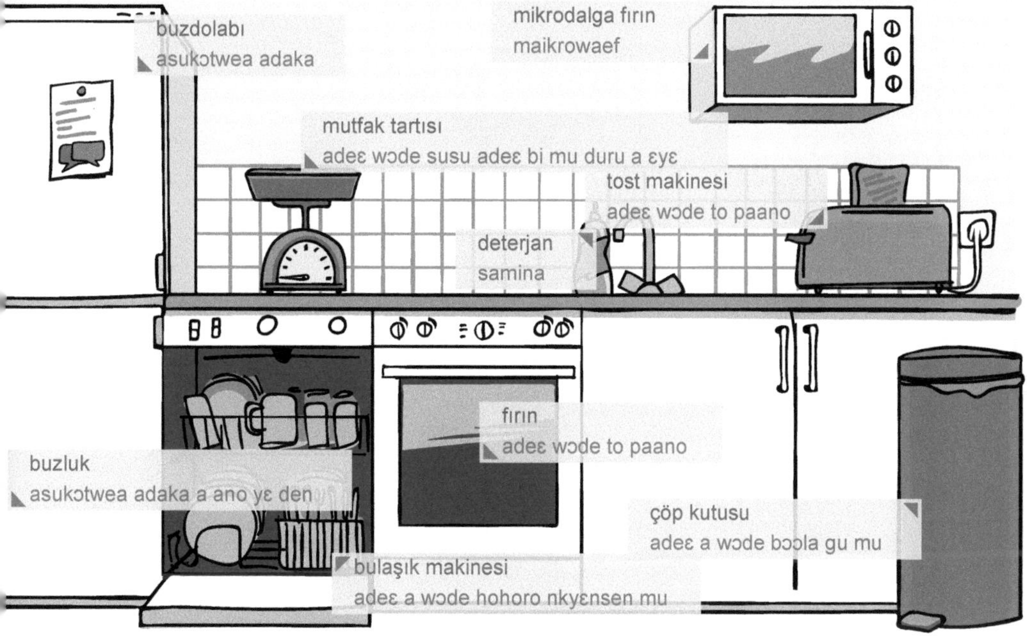

mutfak
gyaade

- buzdolabı
  - asukɔtwea adaka
- mikrodalga fırın
  - maikrowaef
- mutfak tartısı
  - adeɛ wɔde susu adeɛ bi mu duru a ɛyɛ
- tost makinesi
  - adeɛ wɔde to paano
- deterjan
  - samina
- fırın
  - adeɛ wɔde to paano
- buzluk
  - asukɔtwea adaka a ano yɛ den
- çöp kutusu
  - adeɛ a wɔde bɔɔla gu mu
- bulaşık makinesi
  - adeɛ a wɔde hohoro nkyɛnsen mu

ocak
adeɛ a wɔde noa aduane

tencere
kukuo

döküm tencere
dadesɛn

wok
wok / kadai

tava
pan

su ısıtıcı
adeɛ wɔde noa nsuo

mutfak - gyaade

buharlı pişirici

nea yɛde ka aduane hye

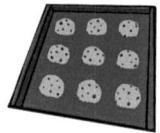

pişirme tepsisi

adeɛ wɔto so paano

tabak takımı

nkyɛnsen a wɔdidi mu

kupa

kuruwa

kase

kyɛnsen

çubuk (çin yemeği)

nnua a wɔde didie

kepçe

kwantere

spatula

atere

çırpma teli

adeɛ wɔde nu adeɛ mu

süzgeç

sɔneɛ

elek

sɔneɛ

rende

adeɛ a wɔde twi adeɛ

havan

waduro

barbekü

adeɛ a wɔde toto nam

açık ateş

egya a biribiara mmɔ ho ban

mutfak - gyaade

kesme tahtası
adeɛ a wɔtwitwa so nnooma

merdane
adea wɔde twi nnooma

tirbüşon
adeɛ a wɔde tu toa ano

konserve kutusu
konku

konserve açacağı
adeɛ wɔde bie konku so

fırın eldiveni
nea yɛde sɔ kukuo mu

evye
adeɛ a wɔhohoro nkyɛnse wɔ mu

fırça
adeɛ a wɔde twitwi

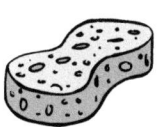

sünger
sapɔ

blender
afidie wɔde yam nnuane

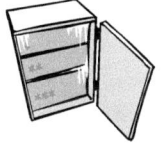

derin dondurucu
asukɔtwea adaka a ano yɛ den

biberon
abɔfra toa

musluk
nsuo

mutfak - gyaade

banyo
adwareɛ

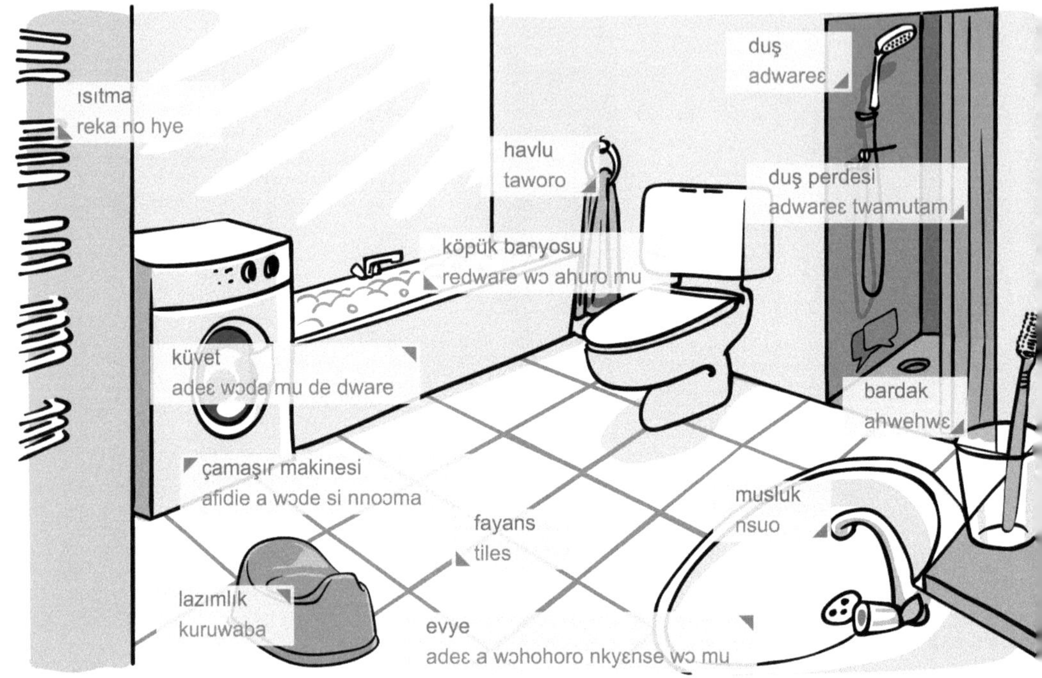

- ısıtma / reka no hye
- duş / adwareɛ
- havlu / taworo
- duş perdesi / adwareɛ twamutam
- köpük banyosu / redware wɔ ahuro mu
- küvet / adeɛ wɔda mu de dware
- bardak / ahwehwɛ
- çamaşır makinesi / afidie a wɔde si nnɔɔma
- fayans / tiles
- musluk / nsuo
- lazımlık / kuruwaba
- evye / adeɛ a wɔhohoro nkyɛnse wɔ mu

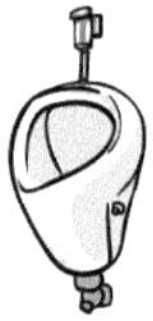

tuvalet	alaturka tuvalet	bide
agyananbea	agyananbea a wɔkotoso	bidet
pisuvar	tuvalet kağıdı	tuvalet fırçası
dwonsɔbea	tiafi krataa	adeɛ a wɔde twitwi agyanbea

banyo - adwareɛ

  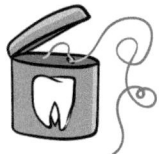

diş fırçası	diş macunu	diş ipi
adeɛ wɔde twitwiri ɛse	aduro wɔde twitwiri ɛse	adeɛ wɔde yiyi ɛse ntam

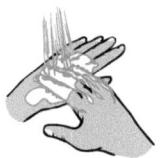  

yıkamak	duş başlığı	duş başlığı şeklinde taharet musluğu
si	adeɛ wɔsɔ mu de dware	adeɛ nsuo fa mu na wɔde hohoro mmaa ase

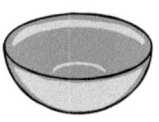  

küvet	banyo fırçası	sabun
adeɛ wɔsi nnooma wɔ mu	adeɛ wɔde twitwi yakyi	samina

duş jeli	şampuan	banyo lifi
adwareɛ samina	deɛ wɔde hohoro tirinwii mu	ntoma wɔde asaawa na ayɛ

gider	krem	deodorant
nsuokwan	nkuu	aduro a wɔde fa mmɔtoamu

banyo - adwareɛ

ayna
ahwehwɛ

el aynası
ahwehwɛ kumaa

jilet
yiwan

tıraş köpüğü
aduro a wɔde yi

tıraş losyonu
aduro a wɔde sera beaɛ wayi

tarak
afe

fırça
brɔsh

saç kurutma makinesi
afidie a wɔde ka nwii ma no wo

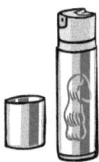
saç spreyi
adeɛ wɔde aduro gu mu de gu nwii so

makyaj
adeɛ wɔde yɛn wɔn anim

ruj
adeɛ wɔde keka ano

tırnak cilası
aduro a wɔde ka mmɔwerɛ so

pamuk
asaawa

tırnak makası
apasoɔ a wɔde twitwa mmɔwerɛ

parfüm
aduham

makyaj çantası

baage a wɔde nnooma gu mu wɔ adwareɛ

tabure

akonwa

tartı

afidie a wɔde susu adeɛ bi mu duro

bornoz

ataadeɛ wɔhyɛ berɛ a wɔrekɔdware

lastik eldiven

adeɛ wɔde hyɛ wɔn nsa a wɔde rɔba na ayɛ

tampon

adeɛ wɔde twe nsuo firi pirakuro mu

kadın pedi

ɛɛ mmaa de siesie wɔn ho berɛ wɔn abu wɔn nsa

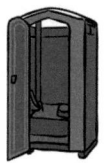

kimyevi tuvalet

agyananbea a wɔde nnuro kora

banyo - adwareɛ

çocuk odası

abɔfra dan mu

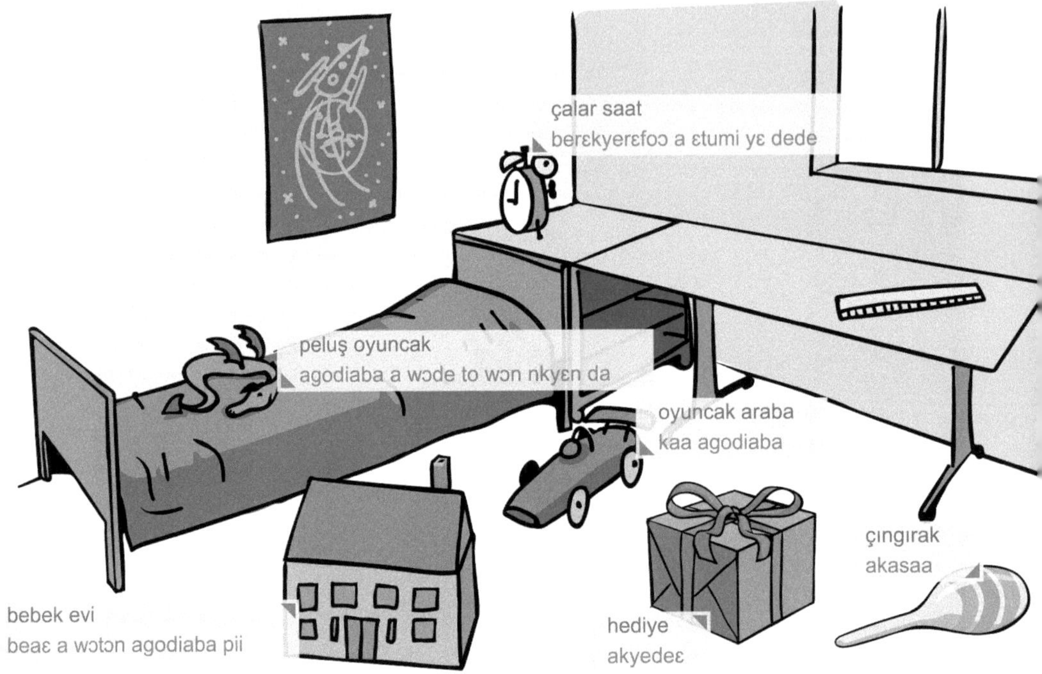
çalar saat
berɛkyerɛfoɔ a ɛtumi yɛ dede
peluş oyuncak
agodiaba a wɔde to wɔn nkyɛn da
oyuncak araba
kaa agodiaba
çıngırak
akasaa
bebek evi
beaɛ a wɔtɔn agodiaba pii
hediye
akyedeɛ

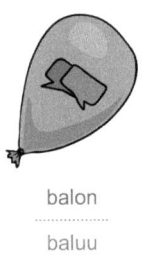

balon

baluu

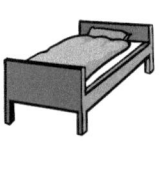

yatak

mpa

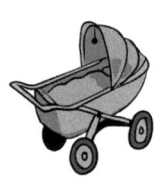

bebek arabası

adeɛ a wɔde mmɔfra to mu pia wɔn

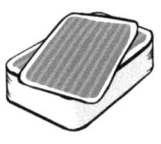

kart destesi

nkrataa a ɛhyɛ adaka mu

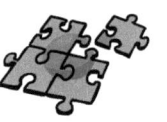

yapboz

mfonin asiniasini a wɔkeka si ani hyehyɛ

SUPER MEGA

çizgi roman

mmɔfra aseresɛm nwoma

lego tuğlaları
lego bricks

lego blokları
bloks a wɔde si dan

aksiyon figürü
mmɔfra agodiaba

zıbın
mmɔfra ataade a wɔayɛ abɔ mu

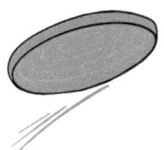

frizbi
frisbee

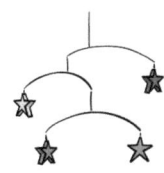

dönence
agodiaba a wɔde sensɛne mmɔfra mpa so

masa oyunu
agorɔ a ɛwɔ pono so

zar
ludu aba

model tren seti
ketekye ketewa

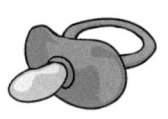

emzik
adeɛ a wɔde hyɛ mmɔfra anumu

parti
apontoɔ

resimli kitap
krataa mfonin wɔ mu

top
bɔɔlo

oyuncak bebek
agodiaba

oynamak
di agorɔ

çocuk odası - abɔfra dan mu

kum havuzu

adeɛ wɔde anwea agu mu a mmɔfra di mu agorɔ

salıncak

adonko

oyuncaklar

agodiaba

video oyun konsolu

afidie abɛɛfo agodie wɔ so a wobɔ

üç tekerlekli bisiklet

dadepɔnkɔ a ne nan yɛ mmiensa

oyuncak ayı

sisire agodiaba

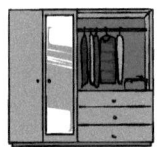

gardırop

wɔdrop

kıyafet
ataadeɛ

çorap

adeɛ a wɔhyɛ ansa na wahyɛ mpaboa

külotlu çorap

ataade tenten a wɔhyɛ wɔ wɔn nan ho

tayt

ataadeɛ a ɔkyekyere deɛ wahyɛ no

dar bluz
nipadua

pantolon
trɔsa

kot pantolon
gyins

etek
skɛɛte

bluz
mmaa ataade soro

gömlek
ataadesoro

kazak
swata

süveter
ataadeɛ a ɛkyɛ wɔ mu

blazer
kootu

ceket
ataade ngusoɔ

mont
kootu

yağmurluk
ataadeɛ wɔhyɛ berɛ nsuo retɔ

kostüm
ataadehyɛ

elbise
ataadeɛ

gelinlik
ayifrɔ atadeɛ

kıyafet - ataadeɛ

takım elbise
ataade nkatasoɔ

gecelik
ataadeɛ a yɛhyɛ de da

pijama
pigyamas

sari
sari

baş örtüsü
duku

türban
duku

burka
ataadeɛ Nkramofoɔ mmaa
hyɛ na ɛkata wɔn tiri so de
kɔsi wɔn nan ase

kaftan
kaftan

çarşaf
abaya

mayo
ataadeɛ a wɔhyɛ de dware
nsuo mu

erkek mayosu
nika

şort
nika

eşofman
traksuit

önlük
ntoma a wɔde kata wɔn
kɔnmu berɛ wɔreyɛ aduane

eldiven
adeɛ wɔde hyɛ wɔn nsa

kıyafet - ataadeɛ

düğme
batin

gözlük
ahwehwɛniwa

bilezik
adeɛ wɔde to wɔn nsa

kolye
kɔnmuade

yüzük
kawa

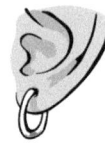
küpe
asomadeɛ

kep
ɛkyɛ

portmanto
adeɛ a wɔde kootu hyɛ so

şapka
ɛkyɛ

kravat
abɔɔmenemu

fermuar
zip

kask
ɛkyɛ a wɔhyɛ de twi motosakre

pantolon askısı
bresis

okul forması
sukuu ataadeɛ

üniforma
ataadeɛ

kıyafet - ataadeɛ

mama önlüğü

adeɛ a wɔde gu abɔfra kɔn mu berɛ a wɔredidi

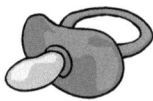

emzik

adeɛ a wɔde hyɛ mmɔfra anumu

bebek bezi

moase tam

ofis
ɔfise

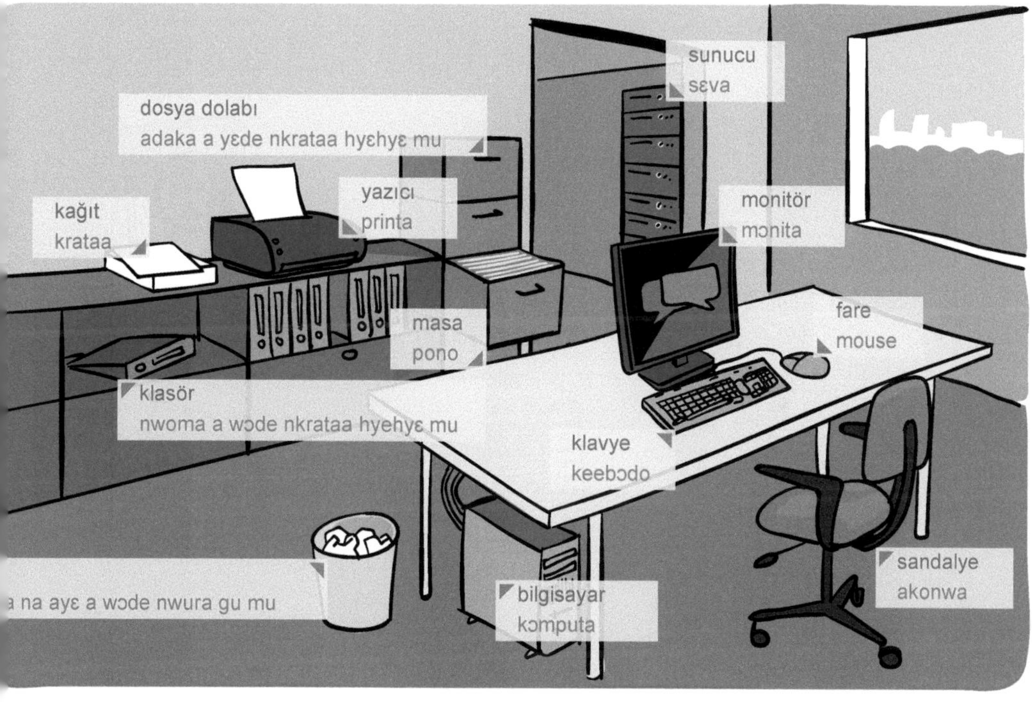

sunucu
sɛva

dosya dolabı
adaka a yɛde nkrataa hyɛhyɛ mu

kağıt
krataa

yazıcı
printa

monitör
mɔnita

masa
pono

fare
mouse

klasör
nwoma a wɔde nkrataa hyɛhyɛ mu

klavye
keebɔdo

a na ayɛ a wɔde nwura gu mu

bilgisayar
kɔmputa

sandalye
akonwa

kahve fincanı

kɔfe kuruwa

hesap makinesi

afidie a wɔde bu nkonta

internet

intanɛt

dizüstü
laptɔp

mektup
krataa

mesaj
nkratoɔ

cep telefonu
mobile

ağ
nɛtwɛk

fotokopi makinesi
fotokɔpia

yazılım
sɔftwɛɛ

telefon
tetefon

priz
plɔg sɔkɛti

faks makinesi
fax afidie

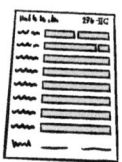
form
krataa

belge
krataa

ofis - ɔfise

ekonomi
sikasem

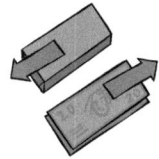

satın almak
tɔ

ödemek
tua

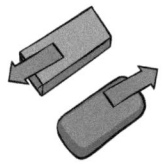

ticaret yapmak
tɔn

para
sika

dolar
dollar

avro
euro

yen
yen

ruble
rouble

İsviçre frangı
Swiss franc

Çin yuanı
renminbi yuan

rupi
rupee

kasa
sikabea

döviz bürosu
baabi aa yɛsesa

altın
sikakɔkɔɔ

gümüş
dwetɛ

petrol
ngo

enerji
ahoɔden

fiyat
ne boɔ

kontrat
nteaseɛ a ɛwɔ krataa so

vergi
ɛtoɔ

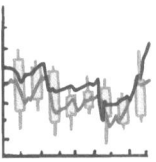

menkul değer
stock

çalışmak
yɛ adwuma

işveren
odwumayɛni

işçi
obi a wafa obi adwumamu

fabrika
afidihyehyɛbea

mağaza
beaɛ a wɔtɔn adeɛ

ekonomi - sikasem

meslekler
nnwuma ahodoɔ

polis memuru
polisini

itfaiyeci
gyadumni

aşçı
obi a wɔnoa aduane

doktor
dɔkota

pilot
obi a wɔtwi ewiemhyɛn

bahçıvan
kuani

marangoz
nnuaseni

terzi
ɔbaa a wɔpam adeɛ

hakim
otɛnmuani

kimyager
dufrani

aktör
siniyifoɔ

otobüs şoförü

hyɛnkani

taksi şoförü

taxi drɔba

balıkçı

ɔfarifo

temizlikçi

ɔbaa wɔpopa beaɛ

çatı ustası

obi a wɔbɔ dan so

garson

barima a wɔsom wɔ beaɛ a wotɔn aduane

avcı

ɔbɔmɔfo

boyacı

obi wɔde akaado keka ɛden ne nnoɔma aka ho

fırıncı

brodotofo

elektrikçi

obi a wɔyɛ nkaneɛ ho adwuma

inşaatçı

dansifo

mühendis

obi a wɔyɛ mfidie akɛseɛ ho adwuma

kasap

namtɔnfo

muslukçu

obi a wɔhyehyɛ drobɛn a nsuo fa mu

postacı

obi a wɔde nkrataa a amanfoɔ atwerɛ soma no

asker
ɔsrani

mimar
obi a wɔyɛ adansie ho adwuma

kasiyer
obi a wɔhwɛ sika so

çiçekçi
obi a wɔtɔn nhwiren

kuaför
obi a wɔyɛ tire

kondüktör
deɛ wɔgyegye sika wɔ ɛhyɛn mu

tamirci
obi a wɔsiesie ɛhyɛn

kaptan
panin

dişçi
dɔkota a wɔhwɛ se

bilim insanı
abodeɛmu nyasapɛni

haham
ɔkyerɛkyerɛni

imam
imam

keşiş
monk

rahip
sofo

meslekler - nnwuma ahodoɔ

aletler
akadeɛ

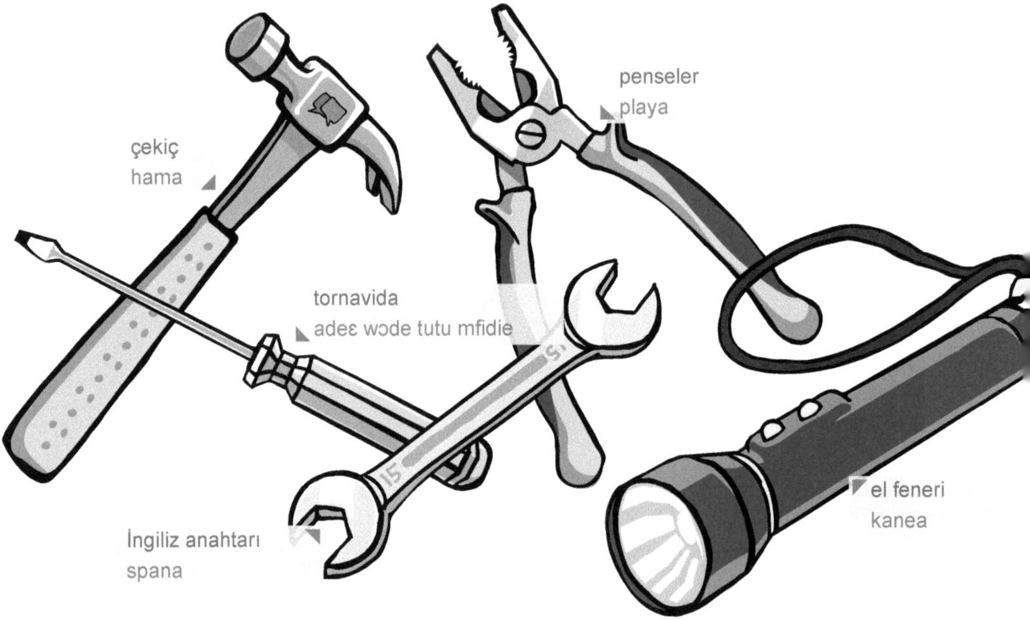

çekiç
hama

penseler
playa

tornavida
adeɛ wɔde tutu mfidie

İngiliz anahtarı
spana

el feneri
kanea

kazı makinesi
afidie a wɔde tu fam

alet çantası
adaka a wɔde nnooma a
wɔde yɛ adwuma gu mu

merdiven
atwedeɛ

testere
sradaa

çiviler
nnadowa

matkap
afidie a wɔde mmia nnooma
mu

tamir etmek
siesie

kürek
sɔfi

Kahretsin!
Yieee!

faraş
asesa nwura

boya tenekesi
akaado kora

vidalar
dadeɛ wɔde bobɔ nnooma mu

müzik enstrümanı
mfidie a wɔde bɔ nnwom

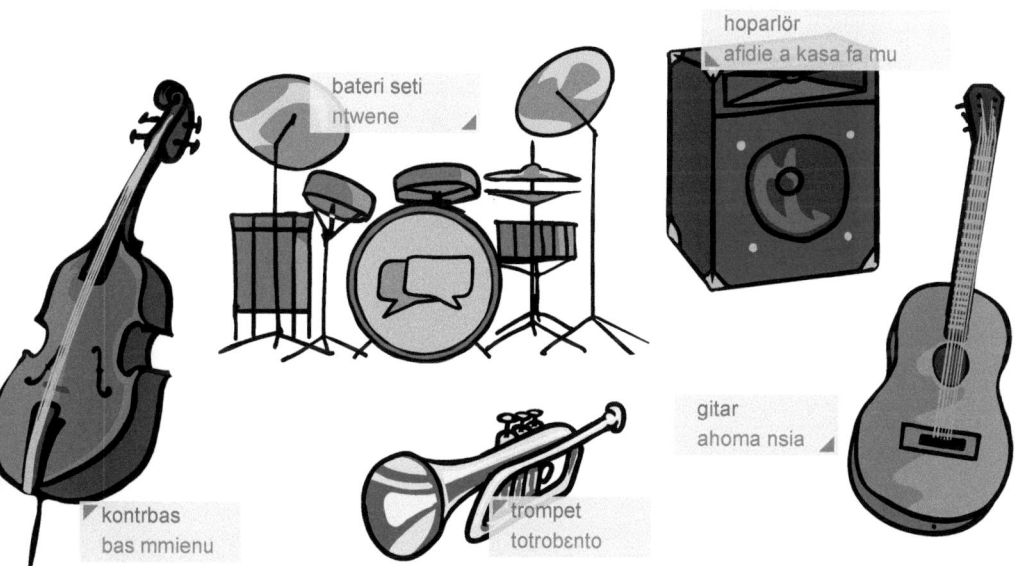

bateri seti
ntwene

hoparlör
afidie a kasa fa mu

kontrbas
bas mmienu

trompet
totrobɛnto

gitar
ahoma nsia

piyano
sankuo

keman
sankuo

basgitar
ahoma nsia

timpani
timpani

bateri
ntwene

klavye
sankuo

saksafon
sasofon

flüt
trobɛnto

mikrofon
akasanoma

müzik enstrümanı - mfidie a wɔde bɔ nnwom

hayvanat bahçesi
mmoakurabea

giriş
baabi a wɔfra wura mu

kaplan
sebɔ

kafes
ɛban

zebra
sare so afurum

hayvan yemi
mmoa aduane

panda
kankane

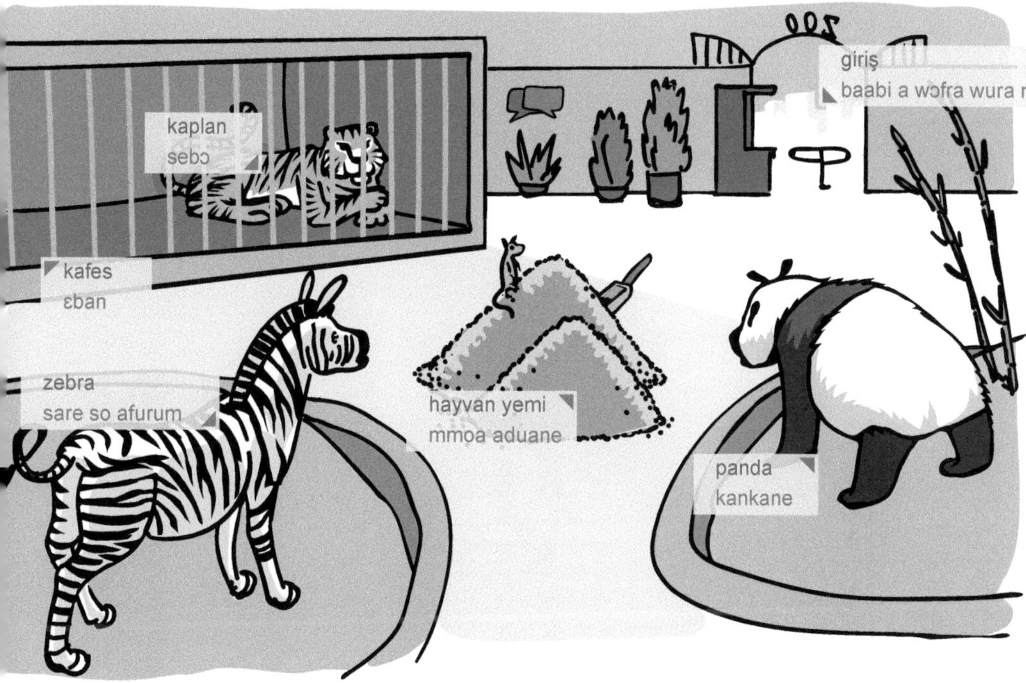

hayvanlar
mmoa

fil
ɔsono

kanguru
kangaroo

gergedan
bɛnkorɔ

goril
akaatia

ayı
sisire

hayvanat bahçesi - mmoakurabea

deve
yoma

deve kuşu
sohori

aslan
gyata

maymun
kontromfi

flamingo
asukɔnkɔn

papağan
ako

kutup ayısı
sisire

penguen
penguin

köpek balığı
oboodede

tavus kuşu
kohaa

yılan
ɔwɔ

timsah
dɛnkyɛm

hayvanat bahçesi görevlisi
mmoasohwɛfo

fok
sukraman

jaguar
sebɔ

midilli atı	leopar	su aygırı
pɔnkɔ ketewa	etwie	susono

zürafa	kartal	yaban domuzu
kɔntenten	ɔkɔdeɛ	kɔkɔte

balık	kaplumbağa	mors
nsuomunam	sudanda	sukraman

tilki	ceylan
sakraman	adowa

sporlar
agokansie

etkinlikler
dwumadie ahodoɔ

- atlamak / huri
- gülmek / sre
- sarılmak / fam
- yürümek / nante
- söylemek / to nwom
- dua etmek / bɔ mpaeɛ
- öpmek / fe ano
- hayal etmek / so daeɛ

yazmak
twerɛ

çizmek
dwidwi

göstermek
kyerɛ

itmek
pia

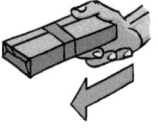

vermek
ma

almak
fa

etkinlikler - dwumadie ahodoɔ

sahip olmak
gye

yapmak
yɛ

olmak
yɛ

ayakta durmak
gyina

koşmak
tu mirika

çekmek
twe

atmak
tɔ

düşmek
tɔ fam

yalan söylemek
twa ntorɔ

beklemek
twɛn

taşımak
soa

oturmak
tena ase

giyinmek
hyɛ atadeɛ

uyumak
da

uyanmak
sɔre

etkinlikler - dwumadie ahodoɔ

bakmak
hwɛ

ağlamak
su

vurmak
fa wo nsa fefa ho

taramak
nunu wotirim

konuşmak
kasa

anlamak
te aseɛ

sormak
bisa

dinlemek
tie

içmek
nom

yemek
didi

düzenlemek
siesie

sevmek
dɔ

pişirmek
noa

sürmek
ka kaa

uçmak
tu

etkinlikler - dwumadie ahodoɔ

denize açılmak
ka

hesapla
bo ho nkonta

okumak
kan

öğrenmek
sua

çalışmak
yɛ adwuma

evlenmek
ware

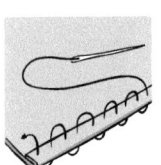
dikmek
pam

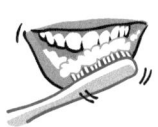
diş fırçalamak
twitwi wo se

öldürmek
kum

sigara içmek
hye

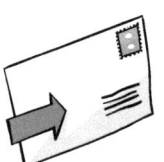
yollamak
soma

66 etkinlikler - dwumadie ahodoɔ

aile
abusua

büyükanne
nanabaa

büyükbaba
nana barima

baba
papa

anne
maame

bebek
abɔfra

kız
babaa

oğul
babarima

misafir
ɔhɔhoɔ

teyze
sewaa

amca
wɔfa

erkek kardeş
nua barima

kız kardeş
nuabaa

aile - abusua

vücut
nipadua

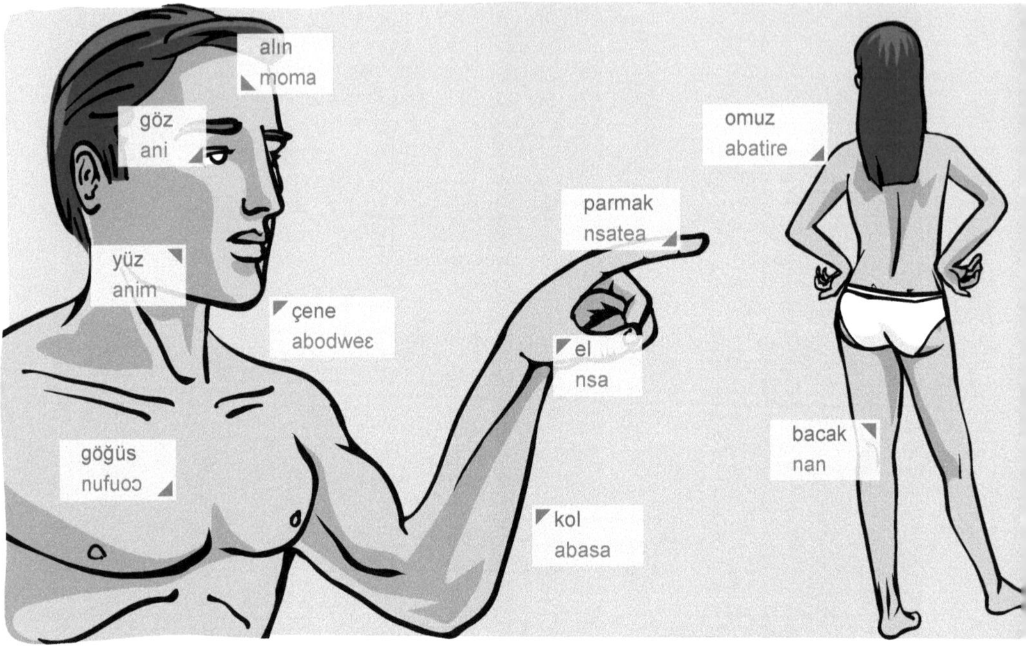

alın
moma

göz
ani

omuz
abatire

parmak
nsatea

yüz
anim

çene
abodwee

el
nsa

bacak
nan

göğüs
nufuoɔ

kol
abasa

bebek
abɔfra

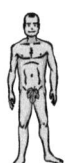

adam
barima

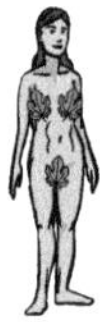

kadın
ɔbaa

kız
abaayewa

erkek çocuk
abarimaa

baş
ɛtire

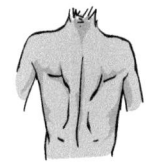
sırt
akyi

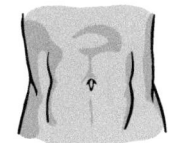
karın
yafunu

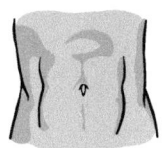
göbek
furuma

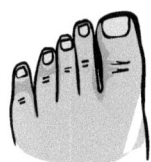
ayak parmağı
nansoa

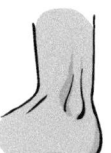
topuk
nantini

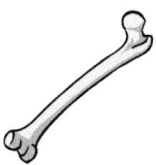
kemik
dompe

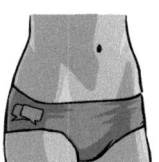
kalça
sisi

diz
kotodwe

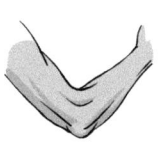
dirsek
abatwerɛ

burun
hwene

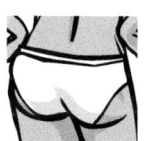
kalça
cotɔ

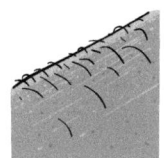
deri
wedeɛ

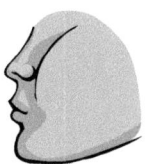
yanak
afono

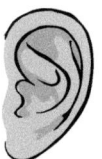
kulak
aso

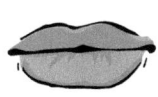
dudak
ano

vücut - nipadua

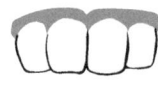

ağız — ano

diş — ɛse

dil — tɛkyerɛma

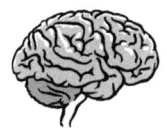

beyin — adwene

kalp — akoma

kas — honam

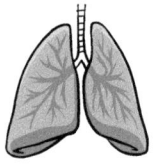

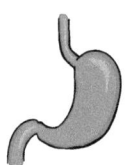

akciğer — ahrawa

karaciğer — brɛbɔɔ

mide — afuro

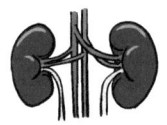

böbrekler — sawa

seks — barima ne ɔbaa nna mu nhyiamu

prezervatif — kɔndɔm

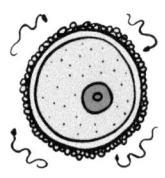

yumurtalık — nkosua a ɛwɔ obaa mu

sperm — barima ho nsuo

hamilelik — nyinsɛn

vücut - nipadua

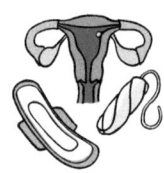

regl
brayɔ

vajina
ɛtwɛ

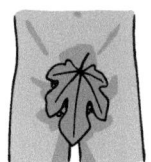

penis
kɔteɛ

kaş
aniakyi nwii

saç
nwii

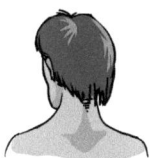

boyun
kɔn

vücut - nipadua

hastane
asopiti

hastane
asopiti

ambulans
ambulanse

tekerlekli sandalye
akonwa a wɔn a wɔntumi nyina tena mu

kırık
dompe buo

doktor
dɔkota

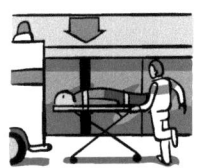

acil servis
ɛdan a wɔde wɔn a wɔn apira kɔ mu kɔhwɛ wɔn ɔhare so

hemşire
nɛɛse

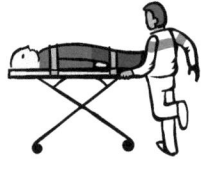

acil
putupru

baygın
fenti

acı
yaw

yaralanma
pira

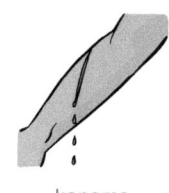
kanama
mogyatuo

kalp krizi
akoma yareɛ

felç
nwodwoɔ yareɛ

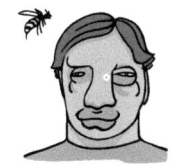
alerji
adeɛ wo honam mpɛ

öksürük
ɛwa

ateş
ahoɔhyeɛ

grip
papu

ishal
ayɛmhwie

baş ağrısı
tiripayɛ

kanser
kokoram

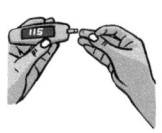
şeker hastalığı
asikyire yareɛ

cerrah
dɔkotani wɔpaepae obi sa no yareɛ

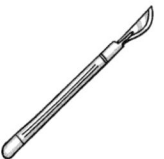
neşter
sekamma

operasyon
repaepae obi ho asa no yareɛ

hastane - asopiti

bilgisayarlı tomografi
CT

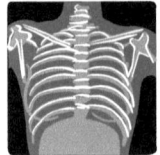

röntgen
x-ray

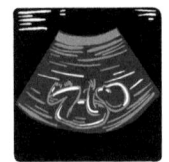

ultrason
mfonin a wɔtwa de hwɛ awodeɛ mu

yüz maskesi
anim nkatadeɛ

hastalık
yareɛ

bekleme odası
dan aa yɛtwɛn wɔ mu

koltuk değneği
klɔkye

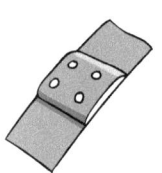

yara bandı
plasta

bandaj
bandege

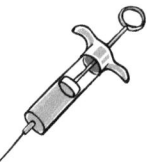

enjeksiyon
paneɛ

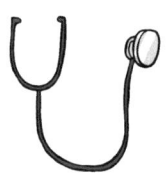

steteskop
afidie a wɔde tie dede wɔ nnipa ho

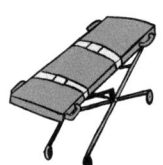

sedye
mpa

tıbbi termometre
afidie wɔde hwɛ ahoɔhyeɛ

doğum
awoɔ

fazla kilo
kɛseyɛ mmorosoɔ

hastane - asopiti

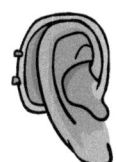

işitme cihazı

afidie a ɛboa ma obi te asɛm yie

dezenfektan

aduro a wɔde ko tia yaremmoa bateria

enfeksiyon

yareɛ nsaeɛ

virüs

yaremmoawa

HIV / AIDS

HIV / AIDS

ilaç

aduro

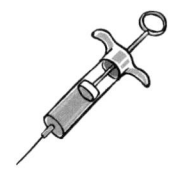

aşı

nsianoaduru paneɛwɔ

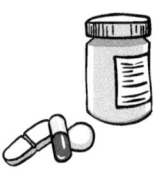

tablet

nnuro a wɔmene

hap

aduro a wɔmene

acil çağrı

putupru frɛ

tansiyon aleti

afidie a wɔde hwɛ sɛdeɛ mogya di aforosane

hasta / sağlıklı

yareɛ / ahuɔden

hastane - asopiti

acil
putupru

İmdat!
Boa me!

alarm
alam

darp
repira obi

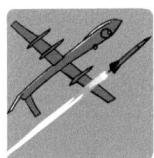

saldırı
to hyɛ biribi so

tehlike
amanee

acil çıkış
kwan a wɔfa so pue berɛ
asɛm asi putupuru

Yangın!
Egya!

yangın tüpü
adeɛ a wɔde dum gya

kaza
akwanhyia

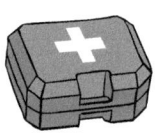

ilk yardım çantası
mmoa a edikan akadeɛ

imdat
SOS

polis
polisi

dünya
Ewiase

Avrupa
Europe

Kuzey Amerika
North America

Güney amerika
South America

Afrika
Africa

Asya
Asia

Avustralya
Australia

Atlantik
Atlantic

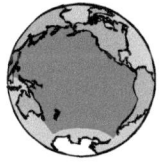

Pasifik
Pacific

Hint Okyanusu
Indian Ocean

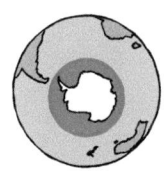

Antarktika Okyanusu
Antartic Ocean

Arktik Okyanusu
Arctic Ocean

Kuzey Kutbu
North Pole

dünya - Ewiase

Güney Kutbu
South Pole

Antarktika
Atartica

dünya
Ewiase

kara
asaase

deniz
ɛpo

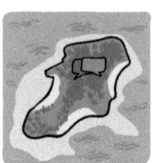
ada
ɛpoano

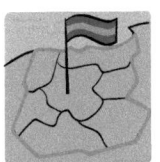
ulus
ɔman

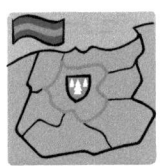
ülke
ɔman

saat
mmerɛ kyerɛfoɔ

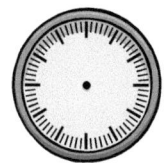

kadran
mmerɛ kyerɛfoɔ no anim

akrep
dɔnhwere nsa

yelkovan
sima nsa

saniye ibresi
anitɛtɛ nsa

Saat kaç?
Abɔ sɛn?

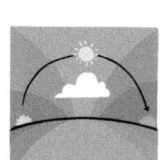

gün
da

zaman
mmerɛ

şimdi
seisei ara

dijital saat
abɛɛfo mmerɛ kyerɛfoɔ

dakika
sima

saat
dɔnhwere

hafta
nnawɔtwe

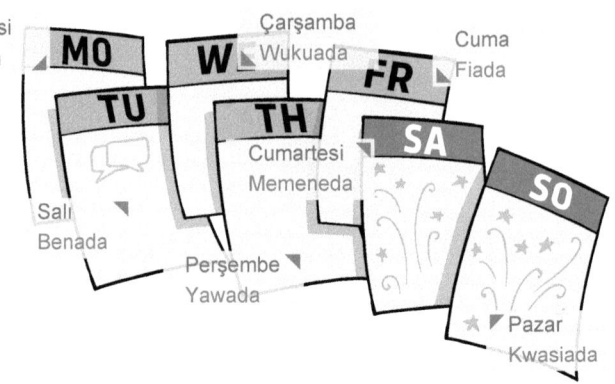

Pazartesi
Dwoada

Çarşamba
Wukuada

Cuma
Fiada

Salı
Benada

Perşembe
Yawada

Cumartesi
Memeneda

Pazar
Kwasiada

dün
ɛnora

bugün
nnɛ

yarın
ɔkyena

sabah
anɔpa

öğle
awia

akşam
anwummerɛ

iş günleri
adwuma nna

hafta sonu
nnawɔtwe awieɛ

yıl
afe

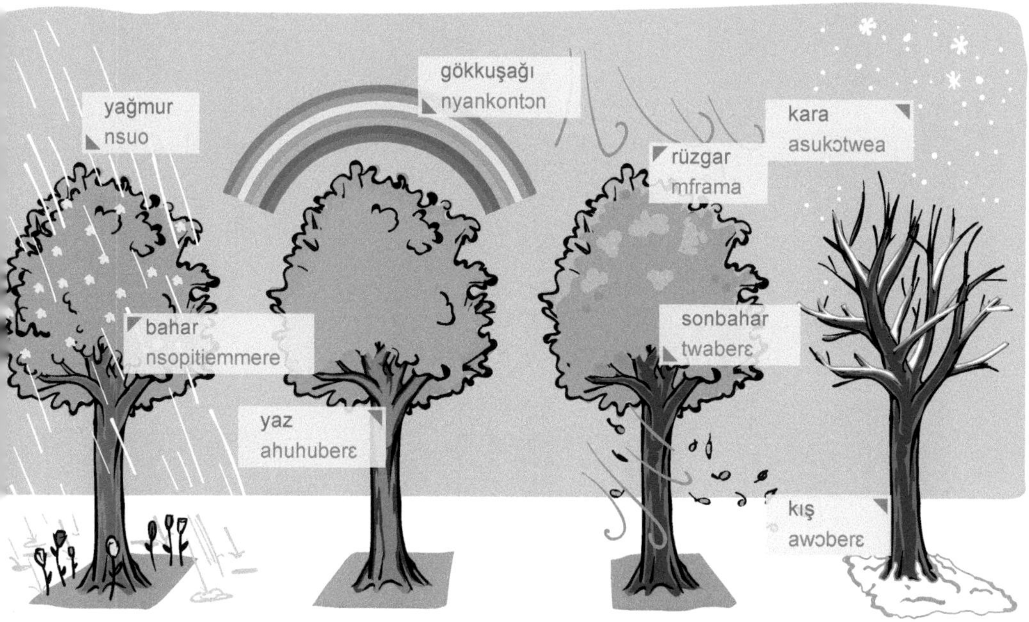

yağmur
nsuo
gökkuşağı
nyankontɔn
kara
asukɔtwea
rüzgar
mframa
bahar
nsopitiemmere
sonbahar
twaberɛ
yaz
ahuhuberɛ
kış
awɔberɛ

4.APRIL 11°
5.APRIL 4°
6.APRIL 13°
7.APRIL 8°
8.APRIL 10°

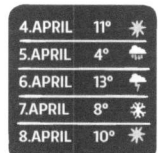

hava durumu tahmini

ewiemu nsesaeɛ

F C
120 40
90 30
60 20
30 10
0 0
-30 -10
-20

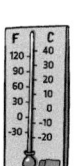

termometre

afidie a wɔde hwɛ ahoɔhyeɛ

güneş ışığı

awiabɔ

bulut

munumkum

sis

ɛbɔ

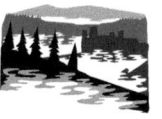

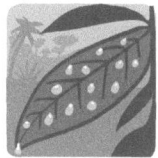

nem

nsuo a ɛwɔ mframa mu

şimşek
ayerɛmo

gök gürültüsü
agradaa

fırtına
nsuden ne mframa

dolu
sukɔtwea

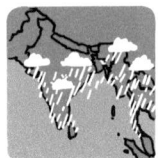
muson
mframa a ɛde nsuo ba

sel
nsuyiri

buz
asukɔtwea

Ocak
ɔpɛpɔn

Şubat
gyefoɔ

Mart
bɛnem

Nisan
Oforisuo

Mayıs
Kotonimaa

Haziran
Ayɛwohumumɔ

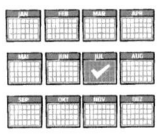
Temmuz
Kitawonsa

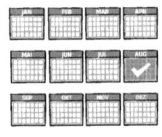
Ağustos
sanaa

yıl - afe

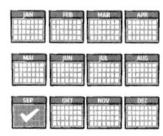
Eylül
ɛbɔ

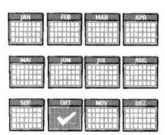
Ekim
Ahinime

Kasım
Obubuo

Aralık
pɛnimaa

şekiller
bɔbea

daire
kanko

kare
ahenanan

dikdörtgen
fasene

üçgen
ahinasa

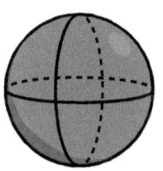
küre
kanko

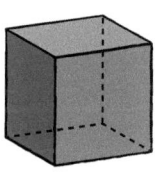
küp
ahenanan

şekiller - bɔbea

renkler
ahosuo

beyaz
fitaa

sarı
akokɔsradeɛ

turuncu
akokɔsradeɛ

pembe
memen

kırmızı
kɔkɔɔ

mor
beredum

mavi
bibire

yeşil
ahabanmono

kahverengi
dodoeɛ

gri
nson

siyah
tuntum

zıt anlamlılar
abirabɔ

çok / az
bebree / ketewa

kızgın / sakin
abufuo / brɛo

güzel / çirkin
fɛfɛɛfɛ / tantantan

başlangıç / son
ahyɛasee / awieɛ

büyük / küçük
kɛseɛ / ketewa

parlak / karanlık
ɛhyerɛ / ɛdum

erkek kardeş / kız kardeş
nua barima / nuabaa

temiz / kirli
ɛho te / ɛfi

tamam / eksik
wawie / onwieeyɛ

gün / gece
anopa / anadwo

ölü / canlı
wawu / ɔtease

geniş / dar
emu bue / emu mmueɛ

yenilebilir / yenilemez	kötü / iyi	heyecanlı / sıkılmış
yetumi di / yentumi nni	bɔne / papa	anigyeɛ / w'ani nka

şişman / zayıf	ilk / son	dost / düşman
kɛseɛ / hwea	di kan / ka akyi	adanfo / atanfo

dolu / boş	sert / yumuşak	ağır / hafif
ayɛ ma / hwee nnimu	dendenden / mrɛmrɛmrɛ	emu ye duru / emu yɛ ha

açlık / susuzluk	hasta / sağlıklı	yasa dışı / yasal
ɛkɔm / nsukɔm	yareɛ / ahuɔden	ɛnfa mmrakwanso / mmrakwanso

zeki / aptal	sol / sağ	yakın / uzak
nimdifo / gyimifo	benkum / nifa	ɛbɛn / ɛmu ware

zıt anlamlılar - abirabɔ

yeni / kullanılmış

foforo / dada

hiçbir şey / bir şey

ɛnyɛ hwee / biribi

yaşlı / genç

panyin / abɔfra

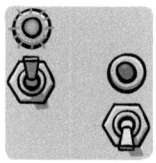

açma / kapama

sɔ / dum

açık / kapalı

bue / yatom

sessiz / gürültülü

dinn / dede

zengin / fakir

sikani / ohiani

doğru / yanlış

papa / bɔne

pürüzlü / düz

wewerɛwewerɛ / tromtrom

üzgün / mutlu

awerehoɔ / anigye

kısa / uzun

tiatia / tentene

yavaş / hızlı

brɛoo / ntɛm

ıslak / kuru

afɔ / awo

sıcak / serin

ɛyɛ hye / adwo

savaş / barış

ntɔkwa / asomdwoe

zıt anlamlılar - abirabɔ

sayılar
nɔma

0
sıfır
ohunu

1
bir
baako

2
iki
mmienu

3
üç
mmiensa

4
dört
nan

5
beş
num

6
altı
nsia

7
yedi
nson

8
sekiz
nwɔtwe

9
dokuz
nkron

10
on
du

11
on bir
du-baako

12 on iki
du-mmienu

13 on üç
du-mmiensa

14 on dört
du-nan

15 on beş
du-num

16 on altı
du-nsia

17 on yedi
du-nson

18 on sekiz
du-nwɔtwe

19 on dokuz
du-nkron

20 yirmi
aduonu

100 yüz
ɔha

1.000 bin
apem

1.000.000 milyon
ɔpepe

sayılar - nɔma

diller
kasa ahodoɔ

İngilizce
Brofo kasa

Amerikan İngilizcesi
Amerika Brɔfo

Çince (Mandarin)
Chinese Mandarin

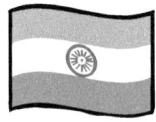
Hintçe
Hindi

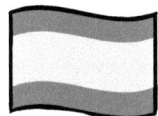
İspanyolca
Spanish

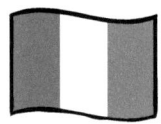
Fransızca
French

Arapça
Arabic

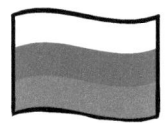
Rusça
Russian

Portekizce
Portuguese

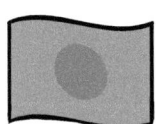
Bengalce
Bengali

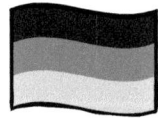
Almanca
German

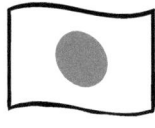
Japonca
Japanese

kim / ne / nasıl
hwan/aden/ sɛn

ben
me

sen
wo

o
ɔnʊ

biz
yɛn

siz
wo

onlar
wɔn

kim?
hwan?

ne?
aden?

nasıl?
sɛn?

nerede?
ɛhefa?

ne zaman?
dabɛn?

isim
din

nerede
hefa

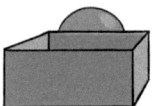

arkasında

n'akyi

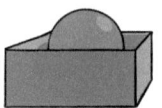

içinde

ɛmu

önünde

wɔ n'anim

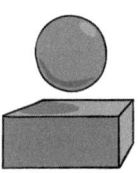

üzerinde

soro

üstünde

so

altında

aseɛ

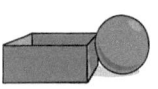

yanında

nkyene

arasında

ntam

yer

fa hyɛ